LE BUCHERON, *OU* LES TROIS SOUHAITS.

COMEDIE

En un Acte, mêlée d'Ariettes.

Représentée pour la première fois par les Comédiens Italiens ordinaires du Roi, le Lundi 28 Février 1763.

La Musique par M. PHILIDOR.

Le prix est de 24 sols.

A PARIS,
Chez CLAUDE HERISSANT, Imprimeur-Libraire, rue Neuve Notre-Dame, à la Croix d'or.

M. DCC. LXIII.
AVEC APPROBATION.

CONTE

De feu M. PERRAULT, *qui a donné lieu à la Piéce.*

IL étoit une fois un pauvre Bucheron,
Qui las de sa pénible vie,
Avoit, disoit-il, grande envie
D'aller se reposer aux bords de l'Achéron.
Car enfin, malheureux depuis qu'il est au monde;
L'injuste Ciel a-t-il jamais
Accordé quelque treve à sa douleur profonde?
A-t-il daigné remplir un seul de ses souhaits?
Un jour que dans le bois il se mit à se plaindre,
Jupiter, foudre en main, à ses yeux apparut.
On auroit peine à bien dépeindre
La peur que le bon homme en eut.
Je ne veux rien, dit-il, en se jettant par terre,
Point de souhaits, point de tonnerre,
Seigneur, demeurons but à but.
Cesse d'avoir aucune crainte:
Je viens, dit Jupiter, touché de ta complainte
Y mettre fin, & pour jamais.
Ecoute donc: je te promets,
Moi qui du Monde entier suis le souverain Maître,
D'exaucer pleinement les trois premiers souhaits
Que tu voudras former sur quoi que ce puisse être.
Vois ce qui peut te rendre heureux,
Vois ce qui peut te satisfaire,
Et comme ton bonheur dépend de tous tes vœux,
Songes-y bien avant que de les faire.
A ces mots, Jupiter dans les cieux remonta.
Et le gai Bucheron embrassant sa falourde,
Pour retourner chez lui, sur son dos la jetta;
Cette charge jamais ne lui parut moins lourde.
Il ne faut pas, disoit-il en trotant,
Dans tout ceci rien faire à la légere:
Il faut, le cas est important,
En prendre avis de notre Ménagere.

Ça, dit-il en entrant sous son toît de fougere,
Faisons, Fanchon, grand feu, grand'chere;
Nous sommes riches à jamais,
Et nous n'avons qu'à former des souhaits.
Là dessus Blaise lui raconte
Le fait dont il s'agit. L'Epouse vive & prompte
Forme sur ce récit mille vastes projets.
Ne gâtons rien par notre impatience,
Mon cher ami, dit-elle à son Epoux;
Examinons bien entre nous
Ce que nous devons faire en pareille occurrence;
Remettons à demain notre premier souhait,
Et consultons notre chevet.
C'est bien pensé, lui répond Blaise,
Mais vas tirer du vin derriére ces fagots.
A son retour il but; & goûtant à son aise
Près d'un grand feu la douceur du repos,
Il dit, en s'appuyant sur le dos de sa chaise,
Pendant que nous avons une si bonne braise,
Qu'une aune de boudin viendroit bien à propos!
A peine acheva-t-il de prononcer ces mots,
Que la femme apperçut, grandement étonnée,
Un boudin fort long, qui partant
D'un des coins de la cheminée,
S'approchoit d'elle en serpentant.
Mais jugeant que cette aventure
Avoit pour cause le souhait,
Que par sotise toute pure
Son homme imprudent avoit fait;
Quand on peut, lui dit-elle, obtenir un Empire,
De l'or, des perles, des rubis,
Des diamans, de beaux habits,
Est-ce alors du boudin qu'il faut que l'on desire?
Eh bien! Fanchon, j'ai tort, j'ai mal placé mon choix,
J'ai commis une faute énorme,
Je ferai mieux une autre fois.
Bon, bon, répond sa femme, attendez-moi sous l'orme;
Pour faire un tel souhait, il faut être bien bœuf!
Excedé par ces mots, & bouillant de colére,
Blaise pensa tout bas souhaiter d'être veuf;
Et peut-être entre nous ne pouvoit-il mieux faire.
Les hommes, disoit-il, pour souffrir sont bien nés:

Peſte ſoit du boudin, & du boudin encore !
Plut à Dieu, maudite pécore,
Qu'il te pendît au bout du nez !
La priére auſſitôt du Ciel fut écoutée,
Et l'Epouſe déconcertée,
En voyant de ſon nez l'horrible ſupplément.
Fanchon étoit jolie, elle avoit bonne grace;
Et pour ne point mentir, un pareil ornement
Figuroit mal en cette place.
Je pourrois, dit Blaiſe à part ſoi,
Après un malheur ſi funeſte,
Avec le ſouhait qui me reſte,
Tout d'un plein ſaut me faire Roi.
Rien n'égale, il eſt vrai, la grandeur ſouveraine;
Mais encore faut-il ſonger
Comment ſeroit faite la Reine,
Et dans quelle douleur ce ſeroit la plonger
De l'aller placer ſur un Trône
Avec un nez plus long qu'une aune.
Conſultons-la du moins, ſçachons ſon ſentiment,
Et ne décidons rien que de ſon agrément.
La choſe bien examinée,
Quoiqu'elle ſçut d'un ſceptre & la force & l'effet,
Et que lorſqu'on eſt couronnée
On a toujours le nez bien fait;
Comme au deſir de plaire il n'eſt rien qui ne céde,
Elle aima mieux garder ſon bavolet
Que d'être Reine & d'être laide.
Ainſi le Bucheron ne changea point d'état,
Ne devint point grand Potentat,
D'écus ne remplit point ſa bourſe:
Trop heureux d'employer le ſouhait qui reſtoit,
(Foible bonheur, pauvre reſſource !)
A remettre ſa femme en l'état qu'elle étoit.

Ainſi que Blaiſe, tous les hommes
Se plaignent de leur ſort, & forment des ſouhaits.
Songeons plutôt, ſongeons, imprudents que nous ſommes,
A bien uſer des dons que le Ciel nous a faits.

PERSONNAGES.	Noms des Acteurs.
BLAISE, Bucheron.	*M. Caillot.*
MARGOT, Femme de Blaiſe.	*Mme Bérard.*
SUZETTE, Fille de Blaiſe.	*Mme La Ruette.*
COLIN, Amant de Suzette.	*M. Clairval.*
SIMON vieux Fermier, Amoureux de Suzette.	*M. Champville.*
LE BAILLI.	*M. La Ruette.*
UNE MEUNIERE. } UNE COMMERE. }	*Mlle Deſglands.*
UN CABARETIER. } MERCURE. }	*M. St Aubert.*

La Scène eſt dans un Hameau.

Le Théâtre repréſente à droite une Forêt, & à gauche quelques Chaumières qui paroiſſent terminer un Hameau. On entend du fond de la Forêt des coups de Cognée, dont le bruit ſourd annonce que celui qui y travaille eſt encore loin; ce bruit s'accroît & s'éclaircit ſucceſſivement.

LE

LE BUCHERON, OU LES TROIS SOUHAITS.

SCENE PREMIERE.

COLIN, SUZETTE.

COLIN *cherche Suzette.*

SUZETTE *sortant de la Forêt, un panier à la main, & chantant le petit air qui suit:*

AIR.

NANETTE, au bois, tout en sautant,
Cueilloit & cassoit la noisette;
Un gros loup vint, elle fuit à l'instant;
Un beau Berger suit la folette,
Autre accident.
Ah! la pauvrette!
Ah! le méchant.

COLIN *avançant.*

Quelle innocence !... Qu'elle eſt aimable !

SUZETTE.

Eh ! c'eſt toi, Colin ?

COLIN *tendrement.*

Eh ! c'eſt toi, Suzette ?

SUZETTE.

Oui, vraiment : mais je m'en vais bien vîte.

COLIN.

Arrête un moment, je te prie.

SUZETTE.

Oh ! je ne ſçaurois. Je viens de porter à déjeûner à mon Pere qui travaille dans cette Forêt : ma Mere m'a ordonné de revenir tout de ſuite ; ſi je tarde, elle me grondera.

ARIETTE.

Quel bruit, hier, pour un bouquet !
Tu me l'offris d'un air ſi tendre.
Je ne pus me défendre
D'en parer mon corſet.
Devois-je m'attendre
Que Maman s'en fâcheroit ?

Ah ! dit-elle en colere,
D'où vient ce bouquet-là ?
Quelqu'un cherche à vous plaire,
Je n'entends point cela.
Qu'on me le donne....
Je crois qu'elle raiſonne....
Sa voix, ſes yeux, tout marquoit ſa fureur.
Je tremblois de frayeur.

Quel bruit, hier, pour un bouquet!
Tu me l'offris d'un air si tendre.
Je ne pus me défendre
D'en parer mon corset.
Devois-je m'attendre
Que Maman s'en fâcheroit?

Elle me questionna beaucoup. Pour l'appaiser, je lui répondis que c'étoit moi qui l'avois fait. Je ne veux plus mentir : laisse-moi, Colin.

COLIN.

Mais, ma chere Suzette....

SUZETTE.

Non, te dis-je; si ma Mere nous surprenoit ensemble, ce seroit bien pis, après le dessein qu'elle a de me marier avec M. Simon.

COLIN.

Simon!

SUZETTE.

Lui-même, son ancien ami, son voisin, ce riche Fermier qui est veuf, qui est d'un certain âge....

COLIN.

Qu'entends-je?

ARIETTE.

Vois le chagrin qui me dévore,
Prens pitié de mes feux :
Quand je t'aime, quand je t'adore,
Un autre, hélas, seroit heureux!

Passer toute ma vie,
Belle Suzette, auprès de toi,
C'étoit ma seule envie,
J'eusse été plus content qu'un Roi.

Vois le chagrin qui me dévore,
Prens pitié de mes feux :
Quand je t'aime, quand je t'adore,
Un autre, hélas, seroit heureux !

SUZETTE.

Tu m'affliges.

COLIN.

Et toi, tu me désesperes.

(Les coups de Cognée se font entendre de plus près.)

SUZETTE.

Entens-tu mon Pere qui s'avance ? Sauvons-nous.

COLIN.

Ah ! que je t'aime !

SUZETTE *avec inquiétude.*

Et moi aussi.

COLIN.

Mais, Simon . . . .

SUZETTE.

Laisse faire, je le refuserai toujours, & nous verrons. Vîte, vîte, enfuyons-nous.

(Colin lui dérobe un baiser sur la main, & ils se séparent.)

SCENE II.

BLAISE *une Cognée sur l'épaule & une Bouteille d'osier sous le bras. Il les pose à terre, & s'essuie le front avec sa manche.*

OUF! je suis tout en eau. Respirons un moment.... Les pauvres gens sont-ils assez à plaindre? Depuis que je suis au monde, je ne fais que travailler, & je n'en suis pas mieux.

ARIETTE.

Dès le matin
Je prends en main
Ma lourde Cognée;
Et dans le bois voisin,
Toute la journée,
Je vais taillant,
Coupant,
Abbattant,
Han, han!

Qu'on a de peine
Pour un petit gain!
Mais un peu de vin
Me redonne haleine,
Mais un peu de vin
Me remet en train.

Ma besogne achevée,
Je n'ai pas plus de repos :
Sergent, Taille, corvée,
Sont les moindres de mes maux.

A la maison,
Un vrai démon
Me querelle,
Me harcelle.
Méchante femme, & point de pain :
Ah ! quel destin !

Dès le matin
Je prends en main
Ma lourde Cognée;
Et dans le bois voisin,
Toute la journée,
Je vais taillant,
Coupant,
Abbattant,
Han, han !

(*Caressant sa bouteille.*) Ah ! mignonne ; sans toi.... (*On entend gronder le tonnerre.*) O Ciel !

SCENE III.

BLAISE, MERCURE.

BLAISE *appercevant Mercure ſur un nuage.*

QUE vois-je?...

MERCURE.

Mercure.

BLAISE *s'inclinant.*

Seigneur... Ah!... que je ſouffre toujours, pourvu que je vive.

MERCURE.

RECITATIF.

Blaiſe, raſſure-toi. Le grand Dieu du tonnerre
Veut bien, touché de ta miſere,
Y mettre fin, & pour jamais.
Toi-même de ton ſort tu vas être le maître;
Oui, de ſa part, je te promets
Qu'il remplira les trois premiers ſouhaits
Que tu voudras former ſur quoi que ce puiſſe être.

Profite, ſi tu es ſage, de la bonté de Jupiter.

(*Mercure diſparoît.*)

SCENE IV.

BLAISE.

TROIS souhaits, qui tous trois seront accomplis !

ARIETTE.

Mais quand j'y songe,
J'en suis émerveillé.
Suis-je bien éveillé ?
Non. C'est un songe....
Blaise, réveille-toi,
Ouvre les yeux....Ma foi,
Non, ce n'est point un songe.

Je vais donc voir
Ducats pleuvoir
En abondance,
Tout à mon gré
Je nagerai
Dans l'opulence.

Plus de chagrin, toujours bombance;
Tout est en mon pouvoir;
Je n'aurai qu'à vouloir,
Pour être un homme d'importance.

Mais quand j'y songe, &c.

Trois souhaits!... pourquoi point quatre?... Chut!

Chut ! Les Dieux ſont les maîtres, & ce n'eſt pas à nous de raiſonner. Tatigué, nous n'allons donc plus crier miſére ! Que ſouhaiter ? c'eſt là le point. (*Il rêve.*) Oui, c'eſt bian penſé .... Non, faut mieux que ça .... Si je demandions la Terre du Seigneur ?... Bon, je ne ferions quaſiment que rentrer dans notre bien.... Le Maître d'Ecole ?.... Il n'eſt guéres plus riche que nous.... Le Bailli ?.... La Juſtice eſt un bon métier, & je me ſens aſſez d'appétit ; mais c'eſt un vrai grimoire, & je ne veux rien qui me fatigue.... Trois ſouhaits, n'eſt-il pas vrai ?... (*gaiment.*) Je n'en ai pas encore formé un, au moins. Attendez, attendez.... Un caroſſe ?... Ils riroient tous en me voyant par les portieres.... Si je ſouhaitions d'abord une autre figure, afin de n'être pas reconnu ?... Mais il faudroit dire laquelle, & je tiens un peu à la mienne. Tout ça m'échauffe. Morgué ! (*Il remue ſa bouteille.*) il n'y en a preſque plus ; avalons le reſte, ça nous ouvrira l'eſprit. (*Il boit.*)

SCENE V.

BLAISE, MARGOT.

MARGOT.

AH ! je t'y prends, maître yvrogne.

BLAISE *achevant d'avaler.*

Bon jour, ma petite femme, bon jour.

MARGOT.

Comment, bon jour ! C'eſt donc ainſi que tu travailles ?

BLAISE.

J'ai fait plus de beſogne que tu ne penſes.

MARGOT *d'un ton plus élevé.*

Où eſt-elle cette belle beſogne ?

BLAISE.

Ah, ah, ne te fâche point.

MARGOT.

Que je ne me fâche point, chien de fainéant, que je ne me fâche point !

BLAISE.

Eh bian ! fâche-toi, ſi ça te fait plaiſir.

MARGOT.

Je n'en ai que trop ſujet, vraiment.

ARIETTE.

Tout l'ouvrage
Du ménage
Roule ſur la pauvre Margot.
Je file, je tricotte,
Je cuis le pain, j'ai ſoin du pot,
Je balaye, & je frotte ;
Tout eſt d'un net à s'y mirer....
Je ſuis bien ſotte :
Monſieur ne ſçait que s'enyvrer.

BLAISE *très-haut.*

Ma femme !

MARGOT.

Ta femme ! Tu ne te foucies ni d'elle, ni de tes enfans. Eft-ce comme ça, dis, que tu fonges à pourvoir Suzette ? Simon la demande.

BLAISE.

Pr, pr, pr, pr.

MARGOT.

Il eft riche.

BLAISE.

Je le fçais.

MARGOT.

Eh ! bian ?

BLAISE.

Tarrare. (*hauffant les épaules.*) Simon !

MARGOT.

A qui veux-tu donc la donner ?

BLAISE.

A un Comte.

MARGOT.

Es-tu yvre ?

BLAISE.

A un Marquis.

MARGOT.

Je n'y tiens pas.

BLAISE.

A un Roi.

MARGOT.

Es-tu fou ?

BLAISE.

Je n'ai qu'un mot à lâcher pour ça.

MARGOT.

Queu galimathias !

BLAISE.

Enfin, je ſuis le plus heureux des hommes ; & ſi tu es ſage, je te rends la plus heureuſe des femmes, vois-tu ?

MARGOT *à part.*

Eſt-ce qu'il auroit perdu la tête ?

BLAISE *avec tranſport.*

Margot !

MARGOT.

(*A part.*) Il n'y paroiſſoit pas ce matin .... (*haut.*) Blaiſe !

BLAISE.

Ecoute.

MARGOT.

Quoi ?

BLAISE.

Tu ne me croiras point.

MARGOT.

Que de diſcours !

BLAISE.

As-tu entendu un grand coup de tonnerre ?

MARGOT.

Qu'eſt-ce que le tonnerre me fait ?

BLAISE.

L'as-tu entendu ?

MARGOT.

Oui. Après.

BLAISE.

Bon. (*Il s'arrête un instant pour voir si elle ne l'interrompra point.*) Bon. A la place où nous sommes, fatigué du travail de la matinée, maudissant notre malheureux sort, pestant fort honnêtement contre ton humeur....

MARGOT.

Comment, traître, as-tu rien à me reprocher?

BLAISE.

Passons, passons. Mercure....

MARGOT *à part.*

En v'la bian d'une autre.

BLAISE.

Au bruit de mes plaintes....

MARGOT *à part.*

Il va nous faire un conte.

BLAISE.

Est venu m'annoncer....

MARGOT.

(*A part.*) Ne le contredisons pas. (*haut.*) Que t'a-t-il annoncé?

BLAISE.

Que je pouvions à notre gré former trois souhaits.

MARGOT.

J'en formons plus de mille, nous; comme, par exemple, de te voir raisonnable, un; que tu travailles davantage, deux; que tu boives moins, trois....

BLAISE.

Et que Jupiter....

MARGOT.

(*A part.*) Stenpendant il ne se joueroit pas des Dieux. (*haut.*) Eh! bian, que Jupiter.....

BLAISE.

Les accompliroit tous trois.

MARGOT.

Sérieusement?

BLAISE.

V'la le fait, que diable! Je te demande si après cette aventure-là on ne peut pas se reposer un peu? (*Il suçe le gouleau de sa bouteille.*)

MARGOT *se radourcissant.*

Trois souhaits, mon cher ami!

BLAISE *d'un ton d'humeur.*

Apparemment.

MARGOT.

Sur trois choses.... là!...

BLAISE.

Sans doute....

MARGOT *très-vivement.*

O tatigoi! Tu n'as pas tort, faut te reposer, mon cher cœur.... Que dis-tu là? mais c'est charmant. Ah! Blaise!

BLAISE *se faisant valoir.*

Je suis un yvrogne.

MARGOT.

Non, non.

BLAISE.

Un fainéant.

MARGOT *lui fermant la bouche.*

Laisse donc.

BLAISE.

Un homme qui n'aime point ſa femme.

MARGOT *le flattant.*

Oh ! que ſi.

BLAISE.

Ni ſes enfans.

MARGOT.

Dame, je ne ſçavions pas .... Eſt-ce que tu veux toujours bouder ?

BLAISE *lui préſentant la main.*

Allons, touche, Margot; le bonheur raccommode tout.

MARGOT.

Tu n'as encore rien ſouhaité ?

BLAISE.

Ça m'embarraſſe, morbleu !

MARGOT.

Prens bian garde, au moins, à ce que tu ſouhaiteras. Trois ſouhaits ! il n'y en a que trois, ce n'eſt pas comme s'il y en avoit cent.

BLAISE.

Tu as raiſon.

MARGOT.

S'il viant queuqu'idée à ta petite femme ....

BLAISE.

Oui, oui. Mais comme deux avis valent mieux qu'un, j'allons trouver M. le Bailli, il n'eſt pas fier, j'avons quelque fois bû enſemble : il trouvera peut-être mieux que nous notre affaire; & je paſſerons auparavant chez nos Créanciers pour les appaiſer en attendant ....

MARGOT.

A merveille ! Vas, mon petit homme, vas.

(*Blaiſe ſort.*)

SCENE VI.

MARGOT.

ÇA me ſemble un rêve. Adieu le Village pour le coup : queu changement !

ARIETTE.

Plus de bavolet ;
Les dentelles
Les plus belles !
Ce juſte me déplaît.
Robe traînante,
Riches habits,
Perles, rubis,
A chaque oreille une pendante.
Ce ſera-t-il bientôt ?
Ah ! Blaiſe !
Je ne me ſens pas d'aiſe.
Saute, Margot.

Une

Une fois si bien mise,
Je n'entends plus qu'on dise :
Margot par-ci, Margot par-là.
Fi, fi de ce nom-là.
Tredame !
Chapeau bas :
Madame,
Gros comme le bras.

Plus de bavolet, &c.

SCENE VII.

MARGOT, SIMON.

SIMON.

COurage, Madame Margot ! Vous me paroissez bian contente aujourd'hui !

MARGOT *dédaigneusement.*

Vous voyez, M. Simon.

SIMON.

Peut-on sçavoir ?...

MARGOT.

Ce n'est pas sans sujet.

SIMON.

Mais encore ?

MARGOT *se parlant à elle-même.*

Je ferons crever de jalousie tout le Village.

SIMON.

C'eſt donc queuque choſe de biau ? . . .

MARGOT *toujours ſans l'écouter.*

Oui, tout le Village, juſqu'à la Dame du Château.

SIMON.

Peſte !

MARGOT.

J'en ris d'avance.

SIMON.

Et moi auſſi . . . . Madame Margot ?

MARGOT.

Queu plaiſir !

SIMON.

On écoute les gens, au moins. (*Très-haut.*) Madame Margot ?

MARGOT.

Qu'eſt-ce qu'il y a, M. Simon ?

SIMON.

Puiſque vous êtes de ſi bonne humeur, je ſuis charmé . . . . ?

MARGOT *avec dignité.*

Vous me faites bian de la grace.

SIMON *à part.*

Diable ſoit de la mijaurée ! mais Suzette eſt gentille, filons doux. . . . (*haut*) Oh ! ça ma voiſine . . . & biantôt ma belle-mere, car . . .

MARGOT.

Plaît-il, M Simon ?

SIMON.

Nous devons épouſer la petite Suzette.

MARGOT.

Vous, M. Simon? ah! ah! ah! ah!

SIMON.

Mais, ſans doute, & je venons tout exprès....

MARGOT.

Pour épouſer Suzette? ah! ah! ah! ah!

SIMON *la contrefaiſant.*

Ah! ah! ah! ah! A la fin, ça m'impatiente. Ne me l'avez-vous pas promiſe?

MARGOT *froidement.*

J'ons queuqu'idée de ça.

SIMON.

Mais, mais, ne vous en déplaiſe, Dame Margot, vous faites bian la renchérie; hier vous me trouviez bon & très-bon pour votre fille.

MARGOT.

Hier, il eſt vrai, M. Simon nous faiſoit beaucoup d'honneur.

SIMON.

Ecoutez donc, ſans vanité....

MARGOT.

Mais tous les jours ne ſe reſſemblent pas.

SIMON.

Comment! n'êtes-vous pas aujourd'hui ce que vous étiez hier? Margot, femme de Blaiſe le Bucheron; & moi, Simon, un des riches Fermiers du canton?

MARGOT.

Oui, vous êtes & ſerez toujours M. Simon que j'honorons infiniment; mais je ne ſerai biantôt plus Margot, ni Suzette ne ſera plus Suzette.

SIMON *à part & avec surprise*.

Elle extravague !

MARGOT.

Il en est tout éhahi, hi, hi, hi, hi !

SCENE VIII.

MARGOT, SIMON, UNE MEUNIERE, UN CABARETIER.

LA MEUNIERE *du fond du Théâtre*.

Je ferons peut-être payés ste fois-ci ?

LE CABARETIER.

Ou je mettrons le Sergent en campagne.

LA MEUNIERE.

C'est bian dit, le Sergent.

(*Ils avancent.*)

SIMON *à part, les appercevant*.

V'la, ma foi, dequoi rabattre son caquet.

LA MEUNIERE *brusquement*.

Bon jour, voisine.

LE CABARETIER *de même*.

Sarviteur, Madame Margot. Blaise n'est point ici, mais je vous trouvons, c'est la même chose.

MARGOT.

Vous vous êtes donc donné le mot ? c'est fort plaisant.

SIMON *à part.*

Ça me paſſe.

MARGOT.

Et c'eſt de l'argent que vous demandez?

LA MEUNIERE.

Aſſurément.

LE CABARETIER.

Vous l'avez dit.

MARGOT.

Pour vous, M. le Cabaretier, un moment, les dettes du cabaret ne me regardent pas: Blaiſe eſt allé chez vous....

LE CABARETIER.

Pour y boire ſur nouveaux frais : car pour payer il n'eſt pas ſi alerte ; mais morguenne il n'en tâtera que de la bonne magniére, & je ſçaurons qui de vous deux ça doit regarder.

MARGOT.

C'eſt bian le prendre ça, ah! ah! ah!

SIMON.

Oui, riez.

MARGOT.

Pourquoi pas? ſi j'ons de quoi.

LE CABARETIER.

A la bonne heure.

LA MEUNIERE.

En ce cas v'la mon petit mémoire.

MARGOT.

Mathurine a de l'ordre.

LA MEUNIERE *au Cabaretier.*

Alle ſe gauſſe de nous, je crois.

LE CABARETIER

M'eſt avis qu'oui..

MARGOT.

Voyons ce petit mémoire.

LA MEUNIERE *feuilletant ſon livre de comptes.*

Ce n'eſt pas ça.... ce n'eſt pas ça : c'eſt l'article du Seigneur. (*Elle tourne long-temps.*) Ah ! . . . non, c'eſt votre article, M. Simon.

SIMON.

Je ſçais, je ſçais.

LA MEUNIERE.

Ah ! enfin.

QUATUOR.

Item. A Margot ma voiſine,
Cinq ſeptiers de farine.

MARGOT.

Combien ?

LA MEUNIERE.

Le tout ſe monte à vingt écus.
Depuis deux ans, c'eſt conſcience,

MARGOT.

Patience,
Vous ne vous plaindrez plus.

LE CABARETIER.

Depuis quatre mois, Blaiſe
Chez nous boit à crédit,
C'eſt en prendre à ſon aiſe;
A ce prix-là j'aurions un grand débit.

LA MEUNIERE.	MARGOT.	LE CABARETIER.
C'eſt par trop attendre.	Voulez-vous m'entendre (*riant.*) Ah ! ah ! je ſuis en train.	C'eſt par trop attendre. Qu'on me paye mon vin.
A moi, ma farine,	Ah ! ah ! Mathurine !	
	SIMON *à part.*	
L'inſolence !	Elle a perdu l'eſprit.	L'impudence !
Ou de l'argent, Ou le Sergent.	MARGOT.	Ou de l'argent, Ou le Sergent.
	Leur dépit Me divartit. Un Sergent ! ah ! ah ! ah !	
	SIMON *à part.*	
	Je ne comprends rien à cela.	
	MARGOT	
(*avec menace.*)	(*toujours riant.*)	(*avec menace.*)
Nous verrons ça. Nous verrons ça.	Un Sergent ! ah ! ah ! ah ! ah !	Nous verrons ça. Nous verrons ça.

MARGOT.

Mes enfans, un mot.

LE CABARETIER.

Je ne nous payons point de cette monnoye.

LA MEUNIERE.

C'eſt du comptant qu'il nous faut.

MARGOT.

Vous ſerez payés les premiers, c'eſt trop juſte.

LA MEUNIERE & LE CABARETIER.

Quand ?

MARGOT.

Un tréſor....

SIMON *à part.*

Je ne m'étonnons plus.

LE CABARETIER *à la Meûniere.*

Un tréſor, Mathurine!

LA MEUNIERE *à Margot.*

Vous avez trouvé un tréſor !

MARGOT.

C'eſt tout comme.

SIMON *à part.*

Autre folie !

LE CABARETIER.

Que ne diſiez-vous d'abord ?

LA MEUNIERE *curieuſement.*

Mais comment donc ça, voiſine?

MARGOT.

Suffit que Blaiſe va devenir gros Seigneur.

LE CABARETIER.

Belle ſûreté !

MARGOT.

Il eſt même allé vous trouver.

LA MEUNIERE.

C'eſt différent.

MARGOT.

MARGOT.

Envoyez, envoyez le Sergent.

LE CABARETIER.

Je n'aimons point à faire de la peine.

LA MEUNIERE

Nous, ce n'eſt jamais qu'à notre corps défendant.

MARGOT.

Allez, bonnes gens, allez.

SIMON *à part.*

Il y a queuque choſe là-deſſous.

LE CABARETIER.

Sarviteur, Madame Margot. Blaiſe ſera toujours le bian venu.

LA MEUNIERE.

Sans rancune, ma voiſine.

MARGOT *d'un air pincé.*

Adieu, adieu.

LE CABARETIER.

Un tréſor !

LA MEUNIERE.

Un tréſor, tatigué !

(Le Cabaretier & la Meuniere ſortent.)

SCENE IX.

MARGOT, SIMON, SUZETTE.

SUZETTE.

AH ! ma Mere ! est-il vrai que nous allons être bien riches ? Mon Pere m'a dit....

MARGOT.

Taisez-vous, petite fille, ce ne sont point vos affaires ; vous venez stenpendant à propos, & je suis bian aise de vous seignifier en un mot comme en cent, de ne plus songer à M. Simon que v'la.

SIMON.

Mais, voisine !

MARGOT.

Mais, voisin !... Suzette, obéirez-vous ?

SUZETTE.

Oh ! mon Dieu, oui !

MARGOT.

A la bonne heure.

SUZETTE.

Monsieur Simon ne m'a jamais plû.

MARGOT.

Tant mieux.

SUZETTE.

C'eſt la vérité.

SIMON.

Pas tant d'aſſurances.

MARGOT.

Ça eſt du poſitif, M. Simon ! (*à Suzette.*) Et toi, à cauſe de ta docilité, baiſe-moi ; je te réſarvons queuqu'un qui ſera mieux ton fait.

SUZETTE.

O Maman, que je vous ſerai obligée ! Colin, en effet, eſt bien plus aimable.

MARGOT *fronçant le ſourcil.*

Qu'eſt-ce que c'eſt que Colin ?

SIMON *riant à part.*

Hi, hi, hi, hi.

SUZETTE.

C'eſt ce Berger....

MARGOT.

Comment ?

SUZETTE.

Si jeune, ſi bien fait....

MARGOT.

Oui-da !

SUZETTE.

Et ſi tendre.

MARGOT.

Jour de ma vie !

SIMON *à Margot.*

Embraſſez-la donc à cauſe de ſa docilité.

SUZETTE.

Quoi ! ce n'eſt pas Colin ?...

MARGOT.

Tubleu ! vous prononcez ce nom-là !

SUZETTE.

Avec bien de la joie.

SIMON *à part.*

Queu franchiſe ! je l'en aimons davantage.

MARGOT.

Ah ! ah ! v'la donc l'hiſtoire du bouquet, ſans ce que je ne ſçavons point.... Ça m'eſt égal ; tu renonceras à ce Colin ſi bien fait, ſi tendre....

SUZETTE.

AIR.

Je voudrois bien vous obéir,
Maman, pour cela je ſuis faite ;
Mais ſi vous chériſſez Suzette,
La voulez-vous faire mourir ?

Quel chagrin pour Colin lui-même,
Si mon cœur alloit le trahir !
Non, non, je n'y puis conſentir :
Quel mal fais-je donc quand je l'aime ?

Je voudrois bien vous obéir,
Maman, pour cela je ſuis faite ;
Mais ſi vous chériſſez Suzette,
La voulez-vous faire mourir ?

MARGOT *fèchement.*

On ne meurt pas de ça.

SUZETTE.

Colin....

MARGOT.

Tu penfes encore à Colin ?

SUZETTE *avec obftination.*

J'y penferai toujours, là.

MARGOT *allant pour la battre.*

Attens, attens, petite péronelle !

SIMON *l'arrêtant.*

Eh ! la, la. (*Il reçoit un fouflet que Suzette évite.*) Pefte foit de la femme ! (*Il porte la main à fa joue.*)

MARGOT *à Suzette.*

Tu m'obéiras, je t'en réponds. (*A part.*) Mais j'oublions l'effentiel : fon pere, fans moi, pourroit faire queuques fotifes, faut que j'allions le rejoindre. (*haut.*) Reftez ici. (*à part.*) Je ne pouvons pas l'avoir fans ceffe à nos côtés, & je préférons qu'alle foit plutôt avec le vieux qui lui déplaît, qu'avec le jeune qui eft de fon goût. (*du haut de l'épaule.*) Adieu, M. Simon. (*à Suzette.*) Fais ce que je t'ordonne.

(*Elle fort.*)

SCENE X.

SUZETTE, SIMON.

SUZETTE.

Je ſuis fâchée, M. Simon....

SIMON.

De quoi, ma belle enfant?

SUZETTE.

Du ſouflet....

SIMON.

Parlons d'autre choſe.

SUZETTE.

Que vous avez reçu-là pour moi.

SIMON.

Il vaut bian mieux, petite poule, qu'il ſoit tombé ſur ma joue, que non pas ſur celle-ci. (*pinçant celle de Suzette.*)

SUZETTE.

Ma Mere a la main forte?

SIMON.

Un peu.

SUZETTE *avançant la main.*

Vous fait-il bien du mal?

SIMON *la lui baiſant.*

Ah!... je ne ſouffrons plus.

SUZETTE *la retirant.*

Comment ! M. Simon, vous baiſez ma main, ſans me la demander encore !

SIMON.

C'eſt que vous me refuſeriez.

SUZETTE.

Faut-il donc la baiſer pour cela ? Fi ! Colin n'eſt pas ſi hardi que vous au moins.

SIMON.

C'eſt que je vous aimons mieux que lui.

SUZETTE.

Mieux que lui ! c'eſt tout le contraire.

SIMON.

Si vous deveniez ma petite femme !...

SUZETTE.

Colin ne pourroit plus vivre, M. Simon.

SIMON.

Qu'eſt-ce que ça me feroit ?

SUZETTE.

Ni Suzette non plus.

SIMON.

Je ſommes à notre aiſe, je ſatisferions, morgué, tous vos beſoins.

SUZETTE.

Je n'ai beſoin que de Colin, M. Simon.

SIMON.

V'la un terrible garçon que ce Colin. Qu'eſt-ce qu'il a donc de ſi agréiable ?

SUZETTE.

COUPLETS.

Colin a des yeux charmans,
Sur-tout lorſqu'il me regarde.
Je fuis les autres Amans;
Avec lui je me hazarde.
Enfin, voyez-vous enfin,
C'eſt un plaiſir d'aimer Colin.

Il faut l'entendre chanter!
Fait-on quelque chanſonette?
Je ne veux point l'écouter,
Si Colin ne la répete.
Enfin, voyez-vous enfin,
C'eſt un plaiſir d'aimer Colin.

Colin ne néglige rien;
Si je veux aller plus vîte,
Sous ſon bras il prend le mien;
Je ſens ſon cœur qui palpite.
Enfin, voyez-vous, enfin,
C'eſt un plaiſir d'aimer Colin.

SIMON *à part.*

La Mere ne veut plus de moi; la Fille voudra toujours ſon Colin; je ne ſommes plus de ſte premiére jeuneſſe: quand je la déſolerons, à quoi ça ſarvira-t-i? .... Suzette!

SUZETTE *gracieuſement.*

Plaît-il, M. Simon?

SIMON

SIMON *à part, en la fixant.*

Stenpendant q'i'c'est dommage!

SUZETTE.

Qu'est-ce que vous voulez?

SIMON.

Je voulons.... je voulons vous rendre contente.

SUZETTE *avec vivacité.*

Est-ce que vous allez chercher Colin?

SIMON.

Pas tout-à-fait; mais....

SUZETTE.

Dites donc.

SIMON.

Je causerons de lui avec le Papa, & je manigancerons ça si bian....

SUZETTE *lui sautant au cou.*

Que je vous aimerai, M. Simon!

(Colin paroît.)

SIMON *a part.*

Queu Commere!

SUZETTE.

Ah! tenez, voici Colin.

SCENE XI.

SUZETTE, SIMON, COLIN.

COLIN *du fond du Théâtre, avec douleur.*

CIEL!

SUZETTE *l'appellant.*

Colin, Colin!

COLIN.

Vous êtes trop bien avec M. Simon.

SIMON *à part.*

Il eſt jaloux, ça eſt riſible.

SUZETTE.

Avance, avance; je ſerai encore mieux avec toi.

COLIN.

Mais tout-à-l'heure....

SIMON.

Tu me fais pitié, mon pauvre garçon; c'eſt pour l'amour de toi qu'on m'embraſſoit.

SUZETTE.

Oui, Colin, embraſſe-le auſſi, & le remercie bien; il va parler à mon Pere pour toi, pour moi....

COLIN.

Eſt-il poſſible?... Ah!... je ne ſçais.... Suzette!... M. Simon....

SUZETTE.

Il ne peut pas achever; voyez comme il m'aime!

COLIN.

Que d'obligations!

SIMON *à part.*

Ça coûte.... n'importe.

COLIN.

Allons de ce pas....

SIMON.

V'la juſtement l'ami Blaiſe.

SCENE XII.

SUZETTE, SIMON, COLIN, *tous trois à l'écart.* BLAISE, LE BAILLI.

(Le Bailli rêve.)

BLAISE.

QUEU plaisir d'être riche, ou de pouvoir le devenir ! Ventregué ! depuis qu'on sçait mon aventure dans le Village, c'est à qui me fera le plus de caresses.

ARIETTE.

On me fête, on me cajole,
L'un me sourit, l'autre me prend la main :
» Mon bon ami, mon bon voisin !
Rien n'est si drole ;
Chacun m'offre son bien
Pour avoir part au mien.

Mais je ne serons point leur dupe.

COLIN *à Simon.*

Parlez donc, M. Simon.

SIMON.

Un instant.

BLAISE.

Oh! ça, M. le Bailli, vous m'aiderez donc de vos conseils?

SIMON *poussé par Colin.*

Monsieur Blaise!

LE BAILLI *toujours gravement.*

Je vous en aiderai, mon ami, je vous en aiderai.

BLAISE.

De vos meilleurs?

LE BAILLI.

Ne vous inquiétez pas.

BLAISE.

C'est que c'est bian embarrassant, oui-da! Je ne m'étonnons point si les plus riches ne paroissent pas les plus contens; l'envie seule que j'ai de l'être me baille un tintoin....

LE BAILLI.

Ne vous inquiétez pas, vous dis-je, c'est mon fort que les conseils, & chacun s'est toujours bien trouvé de ceux que j'ai donnés.... par la raison.... que.... mes conseils sont excellens.

BLAISE.

Tant mieux.

LE BAILLI.

Il n'y a point de Procureurs, d'Avocats, de Notaires qui osent joûter contre moi.

BLAISE.

Voyons donc ça.

LE BAILLI.

Je ne dis souvent qu'un mot, mais ce mot porte sentence.

BLAISE.

Tant mieux, tant mieux. (*Appercevant Suzette & Simon.*) Quoi ! vous v'la ici vous autres? Bon jour, Simon. (*Colin se cache derriere lui.*) Qu'est-ce qu'il y a, Suzette? (*à Simon.*) L'aimes-tu toujours, toi?

SIMON.

Oui; mais il y a de par le monde un certain M. Colin... (*Il pousse Colin devant Blaise.*)

BLAISE *l'examinant.*

Qui l'aime aussi, n'est-ce pas?... Suzette! (*Il la fait passer entre lui & le Bailli, qui la regarde amoureusement.*) Je suis votre sarviteur, M. Colin.

SUZETTE.

Mon Pere!

COLIN.

Monsieur Blaise!

SIMON.

Ma foi, Colin est son fait.

BLAISE.

Laissons-ça ; je suis en affaire avec M. le Bailli, & tu sçauras pourquoi. D'ailleurs j'ons des vuës pour Suzette, puisque tu n'en veux plus.

COLIN.

AIR.

Ah ! faites mon bonheur,
Et croyez que mon cœur
Partagera sans cesse
Entre Suzette & vous
Ses soins & sa tendresse !
Unissez nous :
Je meurs, si je n'en suis l'époux.

Voyez combien je l'aime !
Ne pouvoir obtenir
L'objet de son desir
Est un tourment extrême.

COLIN & SUSETTE *ensemble*..

Ah ! faites mon bonheur,
Et croyez que mon cœur
Partagera sans cesse
Colin. Entre Suzette & vous,
Suzette. Entre Colin & vous.
Ses soins & sa tendresse.
Unissez-nous :
Colin. Je meurs si je n'en suis l'époux.
Suzette. Je meurs s'il n'est pas mon époux.

BLAISE *attendri.*

Que me conſeillez-vous, M. le Bailli?

LE BAILLI.

Mais les Parties contractantes me ſemblent aſſez ſe convenir.

SUZETTE *d'un ton très-careſſant.*

Mon petit Papa.

BLAISE.

Mon petit Papa.... Allons, vas, tu ſeras Madame Colin, pourvu ſtenpendant que ça ſoit du goût de ta Mere: car....

SUZETTE.

Je ne la ſerai donc jamais!

COLIN.

Je ſuis perdu!

BLAISE.

Eh bian! je l'y détarminerons; vous n'aurez qu'à revenir: allez vous-en. (*à Simon.*) Reſte, toi. Rien ne finira de la journée.

(*Suzette & Colin ſortent.*)

SCENE XIII.

SIMON, BLAISE, LE BAILLI.

SIMON.

QU'eſt-ce, voiſin? on dit que tu vas.... que vous allez devenir gros Seigneur?

BLAISE.

Oui, mon ami, c'eſt ce que j'voulions te communiquer: ça dépend de moi, j'allons y travailler avec M. le Bailli, & tu n'es pas de trop pour ça.

LE BAILLI.

Un moment, un moment.

SIMON.

Un tréſor....

BLAISE.

Faut, dis-tu, que je ſouhaite un tréſor? ça ne ſeroit pas ſi mal.

SIMON.

Nenni, puiſque tu l'as déja.

BLAISE.

Non, que je ſçache; mais il ne tiant qu'à moi.

SIMON.

Margot pourtant m'a dit....

BLAISE.

Margot eſt une folle.

SIMON.

C'eſt ce qu'i m'a paru.

SCENE

SCENE XIV.

SIMON, BLAISE, LE BAILLI, MARGOT.

MARGOT.

(*A Blaise.*)

GRAND marci .... (*à Simon.*) Encore ici, vieux ....

BLAISE.

Eh ! pourquoi non, ma femme ? Simon a queuqu'esprit, il nous aidera ; aussi bian M. le Bailli se creuse-là la tête depuis une heure sans rien trouver, & tu sçais ....

LE BAILLI.

De la modération, mes enfans ..... Trois souhaits, dites-vous ?

BLAISE & MARGOT.

Oui.

SIMON.

Que voulez-vous dire avec vos trois souhaits ? si c'est-là ce trésor ....

MARGOT.

Justement.

BLAISE *à Simon.*

J'allons t'expliquer ça. (*Il lui parle à l'oreille.*)

MARGOT *au Bailli, pendant que Blaise met Simon au fait.*

M. le Bailli, n'allez pas écouter Blaise; c'est une bonne bête qui ne sçait pas ce qu'i lui faut. Tenez, je ne suis qu'une femme, moi, mais j'ai plus de bon sens dans mon petit doigt....

LE BAILLI *en pesant ses paroles.*

Quelle vivacité! oh! que ce n'est pas de la sorte que les affaires se traitent!

SIMON *au fait.*

Diantre, M. Blaise!

BLAISE *au Bailli.*

Eh! bian?

SIMON *à part.*

Je sis curieux de voir la fin de tout ceci.

LE BAILLI *à Blaise.*

Ne me troublez point.

BLAISE.

Tenez, asseyons-nous à ce bout de table, M. le Bailli; ça vous viandra peut-être mieux comme ça. Margot, vas nous querir du vin.

SIMON.

Bonne pensée!

BLAISE.

Et ces petits poissons que tu sçais.

(Margot sort.)

SIMON.

Vin porte conseil.

LE BAILLI.

Cela arrive par fois; par fois aussi.... cela n'arrive point; au contraire, il y a des cas.... & cela dépend des circonstances, où le vin... fût-ce le meilleur, ne ſçauroit .... abſolument, quoiqu'on en boive .... mais j'eſpere ....

BLAISE *voyant Margot qui apporte ce qu'il lui a demandé.*

Ah ! bon.

SIMON.

Place, place ! Aidons à Madame.

MARGOT *ſe rengorgeant.*

Madame ! V'la ce que c'eſt.

BLAISE *au Bailli qui ſe dérange.*

Reſtez, reſtez.

(On étend une nappe jaune que chacun tire à ſoi pour la faire cadrer à la table. Le Bailli, Blaiſe, Simon ſont aſſis, Margot reſte debout, & va de l'un à l'autre.)

Plus j'approche de l'inſtant, plus je ſis embarraſſé.

LE BAILLI.

C'eſt l'ordinaire.

SIMON & BLAISE.

Buvons.

LE BAILLI *leur arrachant la bouteille, & ſe verſant à lui ſeul.*

Meſſieurs, Meſſieurs, de la modération.

SIMON.

M'eſt avis que vous en avez un peu trop, M. le Bailli.

MARGOT.

Dépêchez-vous donc.

LE BAILLI *après avoir bû très-promptement.*
Je ne peux pas aller plus vîte.

SIMON.

Il n'y a pas d'homme plus habile.

LE BAILLI.

TRIO.

Trois souhaits ne sont pas
Une petite affaire.

MARGOT.

Faut-il tant d'embarras ?
Laissez, laissez-moi faire....

BLAISE.

Veux-tu, veux-tu te taire ?

LE BAILLI.

Ne précipitons rien,
La prudence
En tout fait bien.
Silence !

MARGOT.

Ecoutons
Et voyons
Si ce qu'il nous va dîre
Est ce que je desire.

BLAISE.

Que de façon !
Tout nous est bon.

LE BAILLI.

Patience !

BLAISE.

Monsieur le Bailli ....

MARGOT.

Paix, mon cher mari :
Tout dépend de ce moment-ci.

LE BAILLI.

A votre aise.

(Il se fait un assez long silence, pendant lequel Simon éclate de rire : on lui fait signe du doigt de se taire.)

LE BAILLI *reprend.*

Souhaite, Blaise ....

MARGOT *vivement & avec joie.*

Nous y voici, nous y voici !

LE BAILLI.

Premiérement, ta cave bien remplie ....

MARGOT.

Non, c'est trop peu....Margot toujours jolie.

BLAISE.

Nenni, nenni.
Je veux une fortune ;
Si femme gentille en est une,
C'est moins pour un mari
Que pour un favori.

LE BAILLI.

Je pense ainsi.

BLAISE.

Toutes ces pensées-là n'avancent pas la besogne.

MARGOT.

Non vraiment.

SIMON.

Achevons la bouteille, c'eſt peut-être au fond.

BLAISE.

Tant que vous voudrez, pourvu que ça vienne : mais il ne faut pas toujours boire ſans manger. Tenez, M. le Bailli, prenez-moi ce petit poiſſon, c'eſt le plus gros; j'voudrions pouvoir faire mieux, mais demain....

LE BAILLI *mangeant.*

C'eſt bon, c'eſt bon.

BLAISE.

Encore, que n'avons-je à la place (car je ſçais que vous les aimez,) là....une belle Anguille!

(*Il en paroît une dans le plat.*)

MARGOT.

ARIETTE.

Une Anguille!

BLAISE.

Foin de moi!

SIMON.

Comment!

LE BAILLI.

Toute rôtie.

MARGOT.

Me voilà bian lotie.

SIMON.

Elle eſt ma foi
Excellente.

LE BAILLI *suçant ses doigts.*

Succulente !

MARGOT.

L'étourdi !

SIMON *à Margot.*

Goûtez-y.

BLAISE.

J'enrage !

MARGOT.

Le nigaut !

BLAISE.

Eh ! Margot !

MARGOT.

Le magot !

LE BAILLI *après avoir bû.*

Point de tapage.

MARGOT.

Admirez son ouvrage !

BLAISE.

Deux autres souhaits encor....

MARGOT.

Le butord !

LE BAILLI *un peu yvre.*

Ah !... ah !.... point de tapage:
Il est un reméde à cela....

(*Tous écoutent.*)

On la mangera.

MARGOT.

Une Anguille !

SIMON.

Ça m'étonne !

MARGOT *à Blaise.*

Oh ! si j'étois moins bonne,
T'étranglerois,
Je t'assomerois.

SIMON.

La bonne ame !

LE BAILLI *à Margot.*

Modérez-vous un peu.

MARGOT.

Morbleu !

BLAISE.

La voilà toute en feu !

MARGOT.

Morbleu !
Nous verrions beau jeu !

BLAISE.

Ma chere femme !

MARGOT *très-en colère, les poings sur les côtés.*

Hein ?

LE BAILLI.

Doucement, Madame Margot, doucement.

MARGOT.

Laissez-moi tranquille.

SIMON.

Je n'ai jamais rian mangé de si bon.

LE BAILLI.

Il en coûte un peu cher à notre hôte.

BLAISE.

J'ai tort, j'en conviens ; mais il nous reste encore deux souhaits.

MARGOT.

MARGOT.

Deux diables.

BLAISE.

Ouais !

LE BAILLI *la bouche pleine.*

Quand vous crierez, il n'en sera ni plus ni moins.

MARGOT.

Taisez-vous, M. le Bailli. (*A Blaise.*) Mange, mange ton Anguille.

LE BAILLI *mangeant toujours.*

Il faut qu'il se dépêche.

BLAISE *à part.*

Je devrions bian souhaiter d'être veuf.

MARGOT.

Qu'elle te fasse crever !

BLAISE.

La sorciere !

MARGOT *avec un violent dépit.*

C'est vrai ; quand il peut souhaiter un Empire, de l'or, que sçais-je ? il va souhaiter une Anguille... Vas, tu ne seras jamais.... je ne veux pas achever.

LE BAILLI.

Ah ! ah ! c'est trop fort.

MARGOT.

Si c'étoit à moi à souhaiter, tu verrois, tu verrois !

BLAISE.

Maudite bavarde ! chienne de langue ! puisses-tu devenir muette !

SIMON.

Ça seroit plaisant !

LE BAILLI.

Et fort rare.

MARGOT *voulant continuer ses invectives.*

Hon, hi, hon.

BLAISE *se jettant les coudes sur la table.*

Ah ! malheureux !

LE BAILLI *levant la tête.*

Oh ! oh !

SIMON *s'appuyant sur ses genoux, & riant de toute sa force.*

Et de deux : ah, ah, ah, ah.

LE BAILLI.

Ce que c'est que de n'avoir pas de modération.

(Margot de rage renverse les bancs, veut battre Simon, le Bailli, Blaise, & sort désespérée.)

SCENE XV.

SIMON, BLAISE, LE BAILLI.

LE BAILLI *après avoir ri avec Simon, pendant que Blaise reste sot.*

Si cela continue, je ne serai bientôt plus nécessaire ici. Cependant Me Blaise, je vous conseille à présent....

BLAISE *en frappant du pied.*

De me pendre.

LE BAILLI.

Cela regarde la Juſtice.

BLAISE.

Deux ſouhaits de pardus !

SIMON.

Ta femme au moins ne t'étourdira plus, c'eſt toujours ça de bon.

BLAISE.

Je ſis un franc étourdi !

LE BAILLI.

Auſſi vous ne me donnez pas le temps....

SCENE XVI.

SIMON, BLAISE, LE BAILLI, SUZETTE.

(*Blaiſe, juſqu'à ce qu'il parle, exprime ſes regrets par des mouvemens variés.*)

SUZETTE *pleurant.*

Hi, hi, hi, hi.

SIMON.

Qu'eſt-ce qui vous chagrine, ma belle enfant ?

SUZETTE.

C'eſt ma Mere.... hi, hi.

LE BAILLI.

Elle n'a dû vous rien dire.

SUZETTE.

Je viens de la rencontrer, je ne faisois point de mal, & elle m'a battue ; je lui ai demandé pourquoi, elle a recommencé sans me répondre.

SIMON.

Je le crois.

LE BAILLI.

Quand on n'a pas de bonnes raisons, on fait prudemment de se taire.

SUZETTE.

Oh ! mais mon Papa me dédommagera de cela.... Colin n'est pas encore ici ?

BLAISE *à part.*

J'ons souhaité tout ça par mégarde !

SUZETTE.

Quoi donc, M. Simon ! est-ce que vous m'auriez oubliée ?

BLAISE.

Quel sera mon darnier souhait ?

LE BAILLI *chancelant.*

Je serois d'avis....

BLAISE.

Il m'en restoit deux, il faut qu'alle jase !

SIMON.

Ça ne lui arrivera plus.

SUZETTE.

On ne m'écoute point...Papa...M. Simon... M. le Bailli.

(Le Bailli rêvant, fait un geste pour lui imposer silence.)

SIMON.

Suzette, vous venez dans un mauvais moment: une Anguille....

SUZETTE.

Eh bien! qu'eſt-ce que cela fait?

SIMON.

Que trop, pargué! Je l'ons mangée, cette Anguille, aux dépens d'un des ſouhaits de votre Pere; Margot votre Mere a pardu la parole aux dépens du ſecond; & le troiſiéme....

SUZETTE.

Et le troiſiéme ſera pour que j'aie Colin.

SCENE XVII.

SIMON, BLAISE, LE BAILLI, SUZETTE, COLIN.

COLIN *à Simon.*

ENFIN conſent-on?...

SIMON *le renvoyant à Blaiſe.*

Demandez, demandez.

COLIN *à Blaiſe.*

Avez-vous eu la bonté....

BLAISE.

Coquine de Margot!

COLIN.

Que dit-elle?

LE BAILLI.

Elle ne dit plus rien.

BLAISE.

Dont bian me fâche !

SIMON.

V'la un regret qui n'est pas ordinaire.

COLIN *à Suzette qui essuye quelques larmes.*

Ma chere Suzette !... vous pleurez ! ne puis-je sçavoir au moins ....

SIMON.

Tenez, tenez, voici Madame Margot qui vous expliquera la chose, si elle peut.

SCENE XVIII. & derniére.

SIMON, BLAISE, LE BAILLI, SUZETTE, COLIN, MARGOT, UNE COMMERE.

LA COMMERE *du fond du Théâtre.*

NOus allons voir ça, nous allons voir ça.... Quoi, Me Blaise ! comment ! qu'est-ce ? la pauvre Margot que je vous amenons ne peut plus parler, & c'est vous qui en êtes cause ! Ah ! v'la un vilain tour, mon Compere ; si mon Mari m'en avoit fait autant, jarni ! ...

BLAISE.

Taisez-vous. Venez-vous morgué pour que je vous souhaitions la même chose, & que tout soit dit ? Mais, non, j'agirons ste fois-ci (*regardant le Bailli*) avec plus de modération.

LE BAILLI.

C'est ce que je me tue de recommander.

BLAISE *de mauvaise humeur, à sa femme qui gesticule.*

Tous tes signes....

LA COMMERE.

Ah ! ne la chagrinez pas davantage, c'est bian assez.

SEPTUOR. *

Voyez sa peine,
L'horrible gêne !

BLAISE

Est-ce ma faute à moi ?

COLIN *à Suzette.*

Qu'allons-nous devenir ?

SUZETTE *à Blaise.*

Laissez-vous attendrir !

MARGOT.

Hon, hon.

BLAISE.

Allons, faisons-nous Roi !

LA COMMERE:

Voyez sa peine.

BLAISE *à Margot.*

Veux-tu devenir Reine ?

---

* *C'est le terme en Musique,*

LE BAILLI.

Reine, & ne point parler ! Non, non.

MARGOT *tournant la tête en signe de négative.*

Hon, hon.

LA COMMERE.

Ah ! mon Compere,
Toujours se taire !

SIMON.

C'est bien sensible :
C'est impossible !

MARGOT.

Hon, hon.

TOUS.

Pardonnez-lui !

BLAISE.

Non, non.
C'est bian facile à dire....
Vous me priez en vain :
Plus qu'un souhait !

SIMON *à part.*

De son chagrin
Je ne puis m'empêcher de rire.

LE BAILLI.

Je crois bien que c'est un martire.

BLAISE *à part.*

Son sort me fait pourtant pitié.

SIMON.

Ah ! par notre amitié !

COLIN

COLIN *montrant Suzette.*

Par notre amour !

BLAISE.

Femme muette,
Combien en voudroient faire emplette !

LA COMMERE.

Regardez-la !

SIMON.

Quelquefois cependant
Ça jase joliment.

LE BAILLI.

Certainement.

BLAISE.

Est-ce avec des paroles
Qu'on chasse les Huissiers ?
Il nous faut des pistoles
Pour contenter nos Créanciers.

MARGOT *se jettant aux genoux de Blaise, & la Commere la relevant aussitôt, en haussant les épaules sur elle.*

Hon, hon.

BLAISE *à part.*

Oh ! la friponne,
Comme elle fait la bonne !

TOUS.

Pardonnez-lui.

BLAISE.

Non, non.

MARGOT *plus fort.*

Hon, hon.

BLAISE.

Non, non.

MARGOT *en colére fait des contorsions.*

SUZETTE.

Maman, appaisez-vous. (*Margot l'embrasse, & la pousse devant Blaise.*) Papa, vous êtes si bon!

BLAISE.

D'accord : mais dans ce cas-ci il n'y a bonté qui tienne. Faites tous attention : plus qu'un souhait! Je resterons donc toujours Blaise?

SIMON.

Et Margot toujours Margot; le grand malheur!

LA COMMERE.

Pardi, ces noms-là en valent bian d'autres.

SUZETTE.

Pour moi, je ne demande pas mieux que d'être toute ma vie Suzette, pourvu que j'aie Colin.

COLIN *avec feu.*

Ah! Suzette!

BLAISE.

Trois souhaits, & pas un à notre profit!

LA COMMERE.

Vous aurez la paix, votre femme vous aimera bian, alle fera tout ce que vous voudrez, pour peu qu'alle le veuille itou.

BLAISE *à Margot.*

Bian vrai?

MARGOT.

Hi, hi, hi.

LA COMMERE *à Blaise.*

Elle dit oui. Ferme!

BLAISE *hésitant.*

Allons je souhaite....

LA COMMERE.

Poursuivez donc.

BLAISE.

J'enrage !

LE BAILLI.

Si vous aviez suivi mes conseils....

SIMON.

(*Ironiquement.*) Sans doute.... Mais tiens, voisin, pour que tout le monde soit content, rends-lui la parole à condition qu'elle consentira au mariage de Suzette avec Colin.

COLIN & SUZETTE *avec instance.*

Oui.

BLAISE *à Margot.*

Y consens-tu ?

MARGOT.

Hi, hi.

BLAISE.

Dit-elle oui ?

LA COMMERE.

Eh ! oui : quel homme !

BLAISE *hésitant encore.*

Je souhaite... que ma femme... redevienne femme.

LA COMMERE.

Ça ne dit pas assez, vous voyez qu'alle n'en parle pas plus.

LE BAILLI.

Il faudroit spécifier....

BLAISE.

Jupiter donc, je ſouhaite.... je ſouhaite que vous rendiez la parole à ma femme. (*Il fait un grand ſoupir.*)

MARGOT *avec un grand ſoupir auſſi.*

Ouf ! ah, mon cher ami ! mon cher Blaiſe, mon petit homme, embraſſe-moi... encore ; & vous, Simon ; & toi, Colin ; & vous, M. le Bailli ; & toi, Suzette ; & toi, ma Commere, & moi auſſi. Je conſens à tout, je ne m'oppoſe à rien ; tu t'es bian fait prier, je devrions t'en vouloir, mais fi de la rancune, v'la qu'eſt fini. (*à Blaiſe.*) Donne-moi la main. (*A Colin & à Suzette.*) Donnez-moi les vot es, aimez-vous, mes enfans ; je vous l'ons défendu, je vous l'ordonnons...

BLAISE.

Tatigué !

LE BAILLI.

Comme un charme !

SIMON.

Aurons-nous notre tour ?

MARGOT.

Laiſſez-moi donc parler ; qu'eſt-ce que je diſions ? vous me l'avez fait perdre.

SIMON.

Eh bian ! dites autre choſe.

BLAISE.

Eh ! en v'la aſſez.

LA COMMERE.

Lui avez-vous rendu la parole pour qu'alle ne parle pas ? Faut de la juſtice auſſi, Me Blaiſe.

LE BAILLI.

Justice ! oh ! elle a raison.

BLAISE.

Ça . . . .

MARGOT.

Je t'approuve, on ne peut pas mieux parler, ça sera comme tu vians de dire ; je suis honnête femme, je ne donnerons point un démenti à notre Commere, alle a répondu pour moi, c'est tout un ; & pis d'ailleurs ça me plaît : car tu sens bian . . . .

SIMON.

Courage !

BLAISE *se mordant les doigts.*

Morgué ! . . . c'est notre faute, il n'y a plus de remede. (*d'un ton doux.*) Veux tu écouter ?

MARGOT.

Parle, mon Roi, parle ; est-ce que ce n'est pas à un mari à parler ? Sans contredit. Mais voirement, il feroit biau de disputer ça, oh dame, c'est que je ne serions pas pour l'endurer, non. Parle, parle.

BLAISE.

Tais-toi donc.

MARGOT.

Ah ! Blaise, je te dis de parler, & tu me dis de me taire.

SIMON *éclatant de rire.*

Ah, ah, ah, ah.

BLAISE.

Tous ces ris-là ne payeront point mes dettes; si j'étions riche, je ne nous en soucierions guére.

SIMON.

C'est l'usage.

LE BAILLI.

Allons, allons, car il faut conclure. Puisque mes conseils ne vous ont servi de rien, je veux vous être utile d'une autre façon, & je me charge d'obtenir du tems de vos Créanciers. Travaillez, Blaise.

SIMON.

V'la un bon avis stila.

BLAISE.

ARIETTE.

Reprenons gaiment, reprenons
Le chemin de notre chaumiére,
Consolons-nous; ces bras sont bons,
Ils écarteront la misére.

Du vin, de la gaité,
Ménagere gentille;
Sur-tout de la santé,
C'est par où Blaise brille;
De la tranquillité,
Tout le reste est vétille.

Reprenons, &c.

SUZETTE.

Maman, à quand notre noce?

LE BAILLI.

Eh ! eh !

MARGOT *avec sa volubilité ordinaire.*

Dans l'instant; laisse-moi faire, j'ons vu ton bon cœur & celui de Colin, ça m'a touchée ; il est joli garçon, il te plaît, il me plaît aussi, embrasse-le ! fort bian. Je ne serons point grosse Dame, ni Blaise gros Monsieu, il n'y a peut-être pas tant de mal.

VAUDEVILLE.

MARGOT.

MARIS qui querellez sans cesse,
Vous nous poussez bientôt à bout :
Que la paix jointe à la tendresse
De nos devoirs nous fasse un goût.
Autrement garre la vengeance,
Des femmes c'est le vrai ragoût.
Trop de pétulance
Gâte tout.

SIMON.

VIEILLARDS, renoncez à l'épreuve
D'un feu léger qui s'éteindroit;
N'épousez ni fille ni veuve,
Car votre honneur en souffriroit.
Vous voulez vous mettre en dépense,
Et pour l'hymen il faut beaucoup.
Trop de pétulance
Gâte tout.

LA COMMERE.

L'Amour, ce Dieu de la jeunesse,
Tente nos cœurs par ses attraits,
On se livre à sa douce yvresse :
Pour l'avenir que de regrets!
Le Printemps à peine commence,
Le Plaisir fuit, vient le Dégoût:
Trop de pétulance
Gâte tout.

LE BAILLI.

Supôts de la chicanne ingrate
Sont animaux à ménager,
Redoutez leur funeste patte,
Ils sont si prompts à vous gruger.
Un Plaideur crie à toute outrance,
Un mot, un rien, il se résout :
Trop de pétulance
Gâte tout.

SUZETTE.

Tendrons qu'une Maman domine,
Sur votre choix, sçachez tromper;
A l'époux qu'elle vous destine,
C'est le moyen seul d'échaper.
Doucement & dans le silence
Vous en alliez venir à bout :
Trop de pétulance
Gâte tout.

COLIN.

Galans, auprès d'une cruelle
Conduisez bien l'art des soupirs,
Pour gagner le cœur de la Belle
Mettez un frein à vos desirs.

Le

Le Timide, en tremblant, s'avance,
L'Entreprenant manque ſon coup:
Trop de pétulance
Gâte tout.

BLAISE.

RICHARDS qui faites grand tapage,
Blaïſe eſt pour vous une leçon;
J'aurois pu, me montrant plus ſage,
Quitter l'état de Bucheron.
De vos biens, malgré l'abondance,
Vous trouverez dans peu le bout:
Trop de pétulance
Gâte tout.

SUZETTE.

AUTEURS avides de ſuffrage
Pour parvenir à votre but,
Dans la route où la gloire engage
Ne preſſez pas trop le début;
Du Public qui tient la balance
Etudiez long-temps le goût:
Trop de pétulance
Gâte tout.

FIN.

APPROBATION.

J'*Ai lû, par ordre de Monſeigneur le Chancelier* Le Bucheron, ou les trois Souhaits, Comédie; *& je crois qu'on peut en permettre l'impreſſion. A Paris, ce 3 Mars 1763.* MARIN.

THEATRE.

COMEDIE ITALIENNE.

Le Bucheron ou les trois Souhaits, Comédie en un Acte, mêlée de chant. La musique de M. Philidor; représentée pour la premiere fois le 28 Février 1763. 1 l. 4 s.

De M. SEDAINE.

Le Roi & le Fermier, Comédie en trois Actes, représenté en Novembre 1762. . . 1 liv. 4 s.
Les Airs gravés. . . . . 1 liv. 16 s.
La Partition générale. . . . .

Le Jardinier & son Seigneur, Opera-Comique en un Acte, avec les Airs gravés & le Vaudeville . . . 1 liv. 4 s.

L'Huitre & les Plaideurs, ou *le Tribunal de la Chicane*, Opera-Comique en un Acte, mêlé de morceaux de Musique & de Vaudevilles. La Musique des Ariettes & du Vaudeville s'y trouve gravée. . . . . . . 18 sols.
Les Ariettes gravées . . . . 12 s.

On ne s'avise jamais de tout, Opera-Comique, avec Ariettes gravées & Vaudeville . . . 1 liv. 4 sols.

De M. ANSEAUME.

Mazet, Comédie, mêlée d'Ariettes. . . 1 liv. 4 s.
L'Isle des Foux, Comédie, mêlé d'Ariettes. . . 1 liv. 4 s.

De M. QUETANT.

Le Maréchal ferrant, avec les Airs gravés. . . 1 l. 4 s.

De M. DELAUTEL.

Le Forgeron, Opera bouffon, Parodie du Maréchal. 1 l. 4 s.
Finfin & Lirette. . . . . 15 sols.

De M. TACONET.

L'impromptu de la Foire ou les Bonnes Femmes, représ. première fois le 4 Mars 1763. . . 12 sols.
Le Compliment de Nicette, réprésenté le 3 Févr. 1763. 12 s.
Le Bouquet de Louison. . . . 1 liv. 4 sols.
Le Juge d'Anieres. . . . . . 15 sols.
L'impromptu du jour de l'An. . . 15 sols.
Mémoire d'un Frivolite, en deux parties. . . 1 l. 4 s.

Le Chansonnier Français, ou Recueil de Chansons Vaudevilles & autres Couplets choisis, avec les Airs notés à la fin de chaque Recueil, (in-12.)

ARIETTES ET VAUDEVILLES

DU BUCHERON ou LES TROIS SOUHAITS

Comedie

ARIETTE

voyez vous en fin C'est un plaisir d'aimer co lin
Mineur
Il faut l'enten dre chanter Fait on quelque
chansonnet - te Je ne veux point l'écouter Si Co-
Refrain
lin ne la ré pet - te En fin voyez vous en fin
C'est un plaisir d'ai mer Co lin .
Majeur
Co - lin ne né gli - ge rien ; Si je
veux al - ler plus vi - te . Sous son bras il
prend le mien ; Je sens son cœur qui pal -
- pi - te . En fin, voy - ez vous , en fin ,
C'est un plai sir d'ai mer co - lin .

VAUDEVILLE

Blaise

Margo

Maris, qui querellez sans cesse,
Vous nous poussez bientôt à bout;
Que la paix joint à la tendresse
De nos Devoirs nous fasse un gout.
Autrement garre la Vengeance,
Des Femmes C'est le vrai ragout.
Trop &c.

Simon.

Vieillards renoncez à l'épreuve,
D'un feu léger qui s'éteindroit,
N'epousez ni fille ni Veuve,
Car votre honneur en souffriroit.
Vous voulez vous mettre en dépense
Et pour l'Hymen il faut beaucoup,
Trop &c.

La Commere.

L'Amour ce Dieu de la Jeunesse,
Tente nos cœurs par ses attraits,
On se livre a sa douce ivresse,
Pour l'avenir que de regrets!
Le Printems à peine commence
Le Plaisir fuit, Vient le Dégout:
Trop &c.

Le Bailli

Supôts de la Chicane ingratte
Sont Animeaux à ménager,
Redoutez leur funeste patte,
Ils sont si prompts à vous gruger!
Un Plaideur Crie à tout outrance
Un mot, un rien il se résout:
Trop &c.

Suzette.

Tendrons, qu'une Maman chagrine
Sur votre choix sçachez tromper,
A l'Epoux qu'elle vous destine
C'est le moyen seul d'échaper.
Doucement et dans le silence
Vous en allez venir à bout
Trop &c.

Colin

Galans, auprès d'une Cruelle
Conduisez bien l'art des soupirs,
Pour gagner le cœur de la Belle
Mettez un frein à vos desirs.
Le timide, en tremblant s'avance
L'Entreprenant manque son coup.
Trop &c.

Suzette

Auteurs avides de suffrage
Pour parvenir à votre but
Dans la route où la gloire engage
Ne pressez pas trop le début
Du Public qui tient la balance
Etudiez long-tems le gout.
Trop &c.

www.ingramcontent.com/pod-product-compliance
Ingram Content Group UK Ltd.
Pitfield, Milton Keynes, MK11 3LW, UK
UKHW020945180726
13838UKWH00003B/1145

9 782329 373102